# 奇跡の絶景
# 心を整える
# 100の言葉

*Superb view of miracle*

Misaki Naka

# はじめに

――この世界には、ため息が出るような美しい景色がたくさんあります。

空や海、大自然、そして人が長い歴史のなかでつくりだした奇跡のような光景を私たちはいつしか「絶景」と呼ぶようになりました。

憧れの絶景を目の前にした旅人は口を揃えて言います。

――「汚れたものなど何もなく、ただ圧倒的な美しさと世界の大きさに、心を救われる」。

そんな、心救われる絶景写真をまるで世界一周しているかのように並べて、そこに世界中から集めた１００の言葉を載せました。

――美しい景色と言葉に、心が救われる。

目の前のことに追われてしまう毎日ですが、この本を読みながら、心だけでも世界一周の旅に出て、自分を見つめ直す時間を過ごしていただければと思います。

Kris Wikitor/Shutterstock.com

# Contents



＊本書を制作するにあたり、引用・参照した参考文献は多岐にわたりますので、
列記を省略させていただき、ここに感謝の意を表します。

Superb view of miracle

第1章

# 生と死

*life and death*

Robert Schuller / Ko Hirasawa / Steve Jobs

Christopher Morley / Sarah Bernhardt / Osamu Tezuka

Eddie Cantor / Egon Schiele / Charles Kettering

Wilhelm von Humboldt / Aischylos / Bertolt Brecht

Arthur Rubinstein / George Bernard Shaw

Jean Cocteau / Pablo Picasso

死ぬことを恐れてはいけない
本当に恐れるべきなのは、
人生を精一杯生き抜かないこと

――ベルトルト・ブレヒト　劇作家　[illegible]956

マウナケア（USA）　nao/PIXTA

あなたは今朝起きた時、
今日こそ自分の人生が
変わる日だと考えただろうか？
どんなに大きな問題が
立ちはだかっていようが、
今すぐここで始めれば
問題は解決できるのだ。

——ロバート・シュラー（牧師）1926-2015

セドナ（USA）　Yuichi Nasu

幸せか不幸かは、
人生に起きる出来事を
あなたがどう捉えるかであり、
起きた出来事自体は
それほど関係ない。

――ヴィルヘルム・フォン・フンボルト

ホワイトサンズ（USA） Hiroaki Yokochi

生き方の基準は、
正しいか正しくないかではなく、
美しいか否かである。

――ジャン・コクトー（詩人）1889-1963

成功とはひとつしかない。
自分のやり方で、
自分の人生を生きられること。

——クリストファー・モーリー（作家）1890-1957



イエローナイフ（Canada） SurangaSL/Shutterstock.com

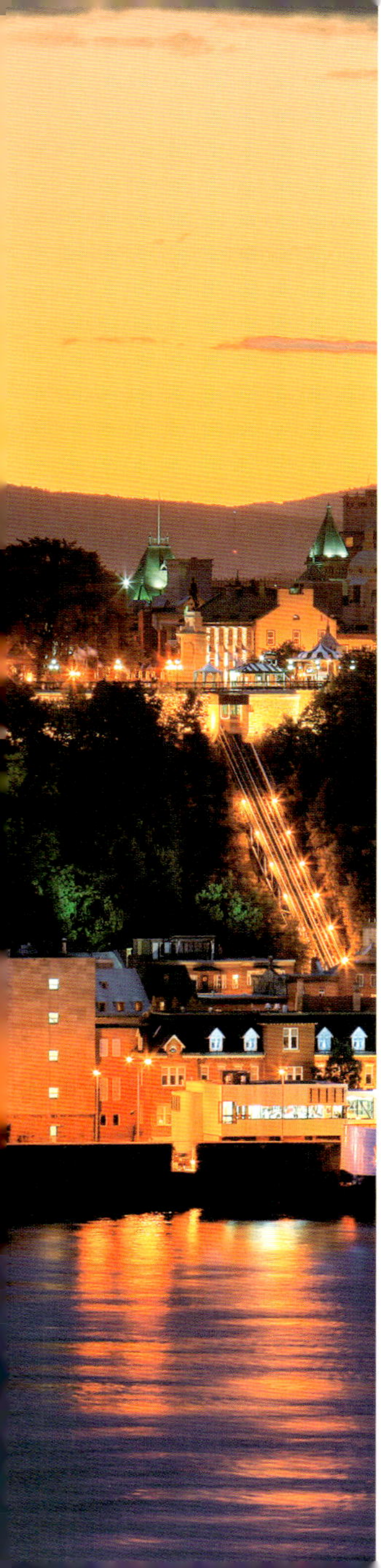

歳をとるにつれ、
時は多くの教訓を教える。

——アイスキュロス（詩人）B.C.525-B.C.456

17 ケベックシティ（Canada） Almanino/Shutterstock.com

死はたぶん、
生命の最高の発明です。

――スティーブ・ジョブズ（実業家）1955-2011

アブラハム湖（Canada）　LaiQuocAnh/Shutterstock.com

ゆっくりと人生を味わおう。
生き急いでいたら
周りの景色を見逃すだけじゃなく、
どこに向かって進んでいるのか、
そして、その理由まで
見落としてしまう。

——エディ・カンター（コメディアン）1892-1964

カンクン (Mexico) | Aya Furuta

**過去に興味はありません。**
**未来に興味があります。**
**なぜなら、私たちはそこで**
**残りの人生を過ごすことになるからです。**

——チャールズ・ケタリング（発明家）1876-1958

グアナファト（Mexico） Misaki Naka

明日に延ばしてもいいのは、
やり残して死んでもかまわないことだけ。

――パブロ・ピカソ（画家）1881-1973

生と死

もしも、あなたの命があと1年なら。
いったい、あなたは何をするのでしょうか？

——手塚治虫 漫画家 1928-1989



ピンクサンドビーチ（Bahama） Gabriele Maltinti/Shutterstock.com

人生とは
自分を見つけることではない。
人生とは
自分を創ることである。

――ジョージ・バーナード・ショー（劇作 1856-1950）

バラデロ（Cuba）　Kamira/Shutterstock.com

私たちはつねに
未来に目を向けていくしか
ありません。
希望を持てない人間は
死者の仲間に過ぎない。

――エゴン・シーレ（画家）1890-1918

カルタヘナ(Columbia)　Masamune Takahashi

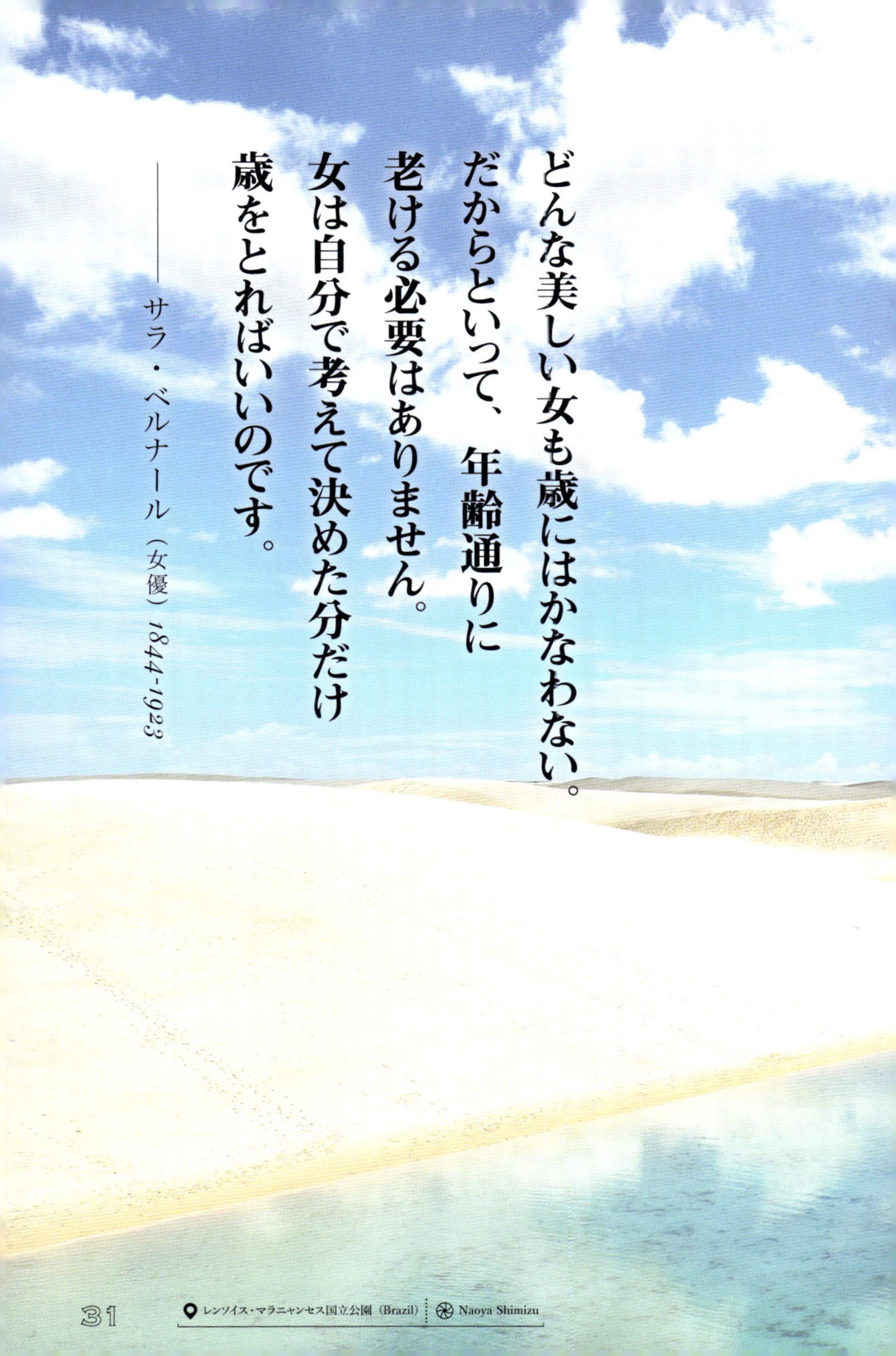

どんな美しい女も歳にはかなわない。
だからといって、年齢通りに
老ける必要はありません。
女は自分で考えて決めた分だけ
歳をとればいいのです。

――サラ・ベルナール（女優）1844-1923



レンソイス・マラニャンセス国立公園（Brazil） Naoya Shimizu

いまが楽しい。いまがありがたい。いまが喜びである。
それが習慣となるような生き方こそ最高です。

――平澤興（医学者）1900-1989

パンタナール（Brazil） FCG/Shutterstock.com

私は今、生きるのに夢中です。
人生の変化、色、様々な動きを愛している。
話ができる、見える、
音が聞こえる、歩ける、音楽や絵画を楽しめる…。
それは本当に奇跡なのです。

――アルトゥール・ルービンシュタイン（ピアニスト）1887-1982

35 ウユニ塩湖（Bolivia） Shogo Toyoda

Superb view of miracle

Superb view of miracle

第2章

# 受け入れる

*accept*

Katherine Anne Porter / Gustave Moreau

Thomas Carlyle / Thales

William James / Camille Pissarro

Anthony de Mello / Anne Sullivan

Karl Popper / Shigeta Saito

Superb view of miracle
Superb view of miracle
Superb view of miracle

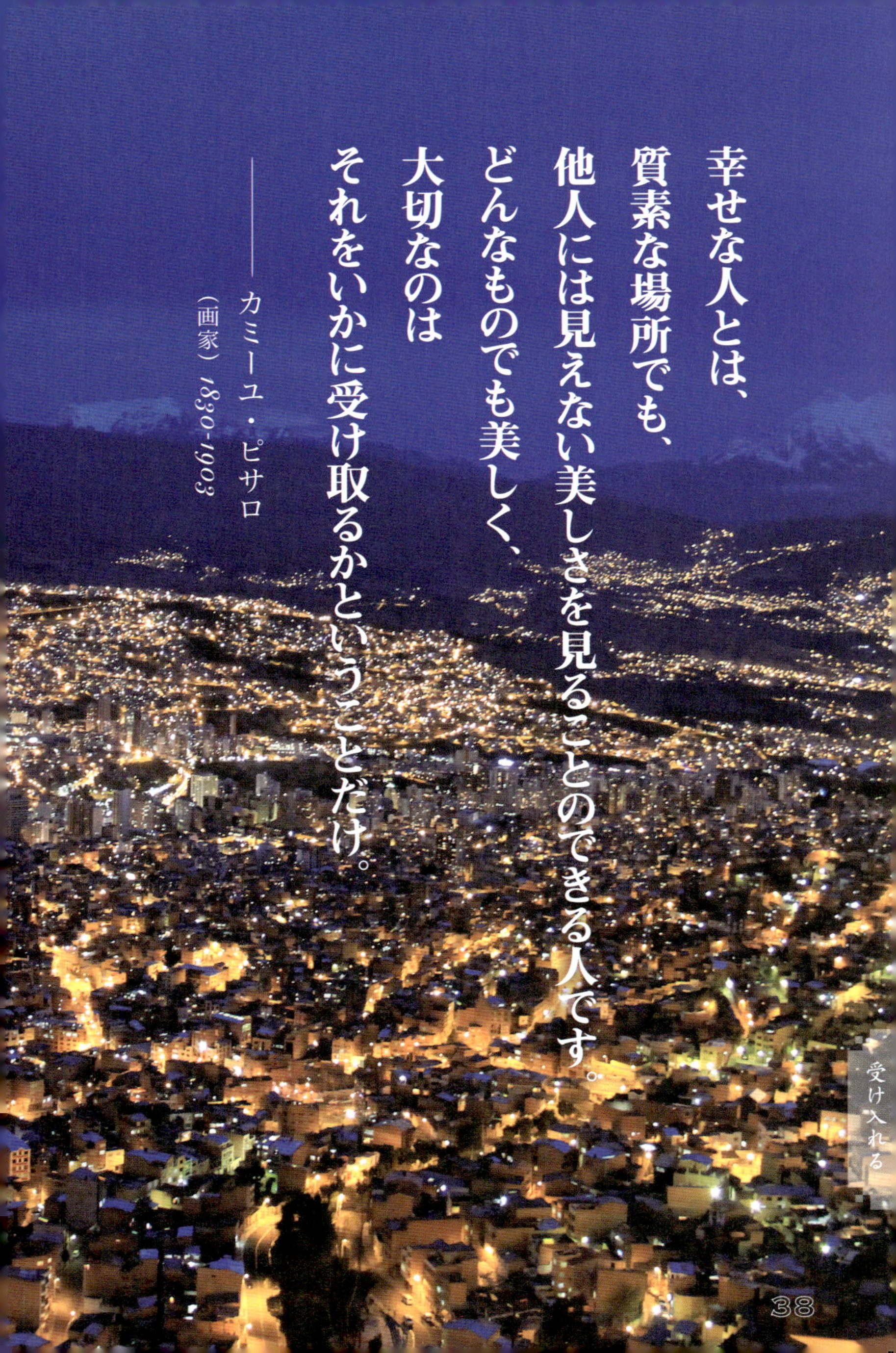

幸せな人とは、
質素な場所でも、
他人には見えない美しさを見ることのできる人です。
どんなものでも美しく、
大切なのは
それをいかに受け取るかということだけ。

――カミーユ・ピサロ
（画家）1830-1903

ラパス（Bolivia）　Misaki Naka

外見を飾り立ててはならない。
美しさは生き方の中に現れる。

——タレス（哲学者）B.C.625頃-B.C.547頃

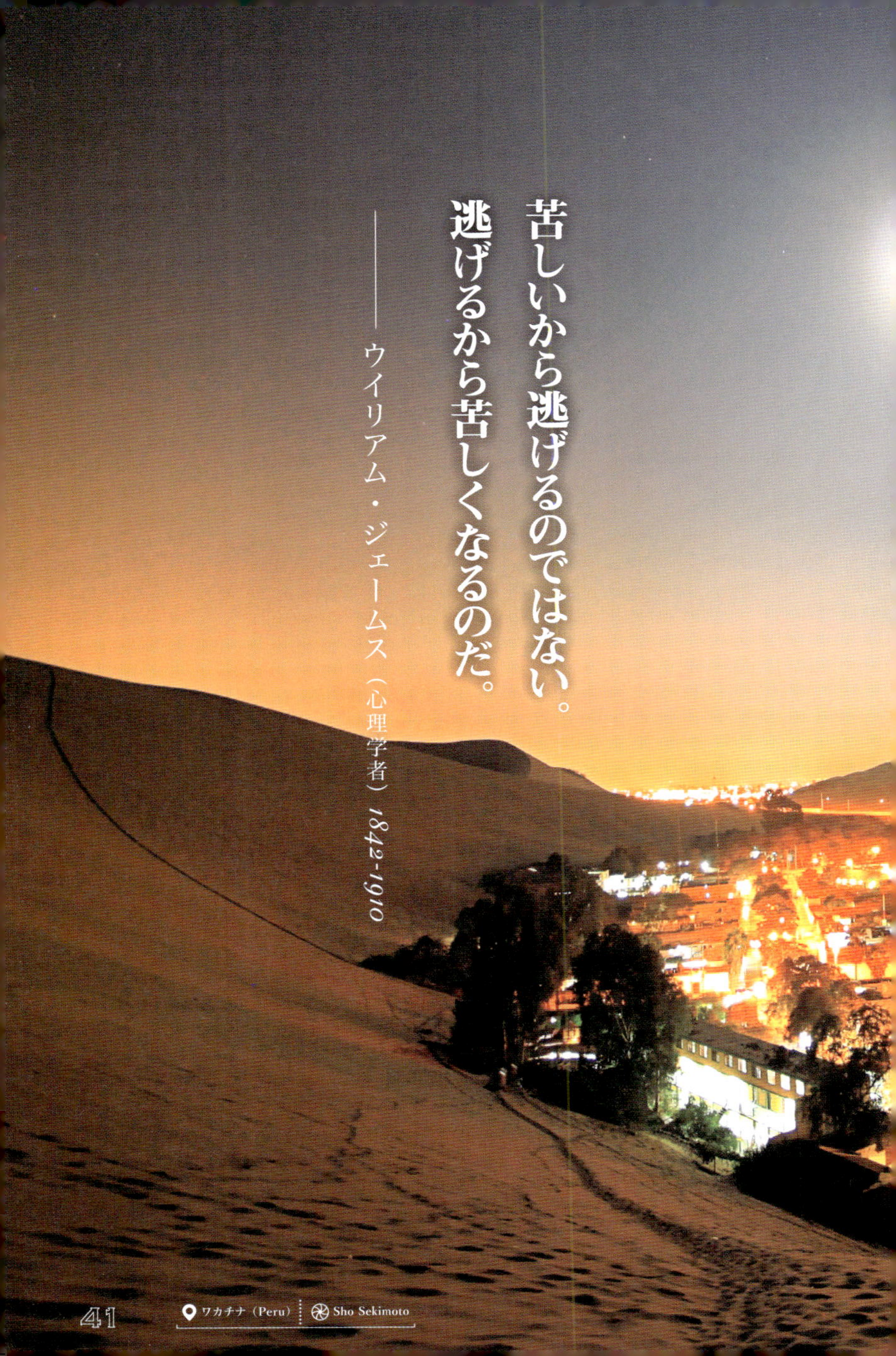

苦しいから逃げるのではない。
逃げるから苦しくなるのだ。

——ウイリアム・ジェームス（心理学者）1842-1910

世間からよく思われることよりも、
自分が心からやりたいことを見つけ出すこと。
そして、
自分らしく生きていくことの方が
ずっと大切。

——斎藤茂太（医師）1916-2006

リマ（Peru）

Christian Vinces/Shutterstock.com

自分らしく生きられる場を
探すのではなく、
いま、自分がいる場所で
夢中になって生きてみましょう。
そんな日々の積み重ねが、
その人らしさをつくっていくのです。

——斎藤茂太（医師）1916-2006

大丈夫。
世の中の人は皆、
自分のことで精一杯。
あなたのことなんて
気にしているほど暇ではない。

――斎藤茂太（医師）1916-2006


サリーナス・グランデス（Argentina） Souki Yamazaki

受け入れる

いつだって、心は頭より先に物事をつかんでいる。

――トマス・カーライル（歴史家）1795-1881



アコンカグア（Argentina） Papa Bravo/Shutterstock.com

ほんとうに正しいことのために戦ったのなら、負けても恥じることはありません。

――キャサリン・アン・ポーター（作家）1890-1980

ロス・グラシアレス (Argentina) | Misaki Naka

受け入れる

成功しないということには
感謝すべきだ。
少なくとも成功は
遅く来るほどいい。
その方が、きみは徹底的に
自らを見出せるだろう。

——ギュスターヴ・モロー（画家）1826-1898

パタゴニアのフィッツロイ（Argentina）
Sho Sekimoto

人生の意味とは、
見つけたり発見できるような、
どこかに隠されたものではありません。
自分自身で
自分の人生に意味を与えるのです。

――カール・ポパー（哲学者）1902-1994

マーブルカテドラル（Chile） Kazuki Yamashita

今この瞬間に
あなたが無常の喜びを感じていないとしたら、
理由はひとつしかない。
自分が持っていないもののことを考えているからだ。
喜びを感じられるものは、
すべてあなたの手の中にあるというのに。

――アントニー・デ・メロ（司祭）1931-1987


喜望峰（South Africa）　Denis Mironov/Shutterstock.com

失敗したら
はじめからやり直せばいいの。
そのたびにあなたは
強くなれるのだから。

――アン・サリバン（教育者）1866-1936

57 デッドフレイ（Namibia） Tomohiro Kinoshita

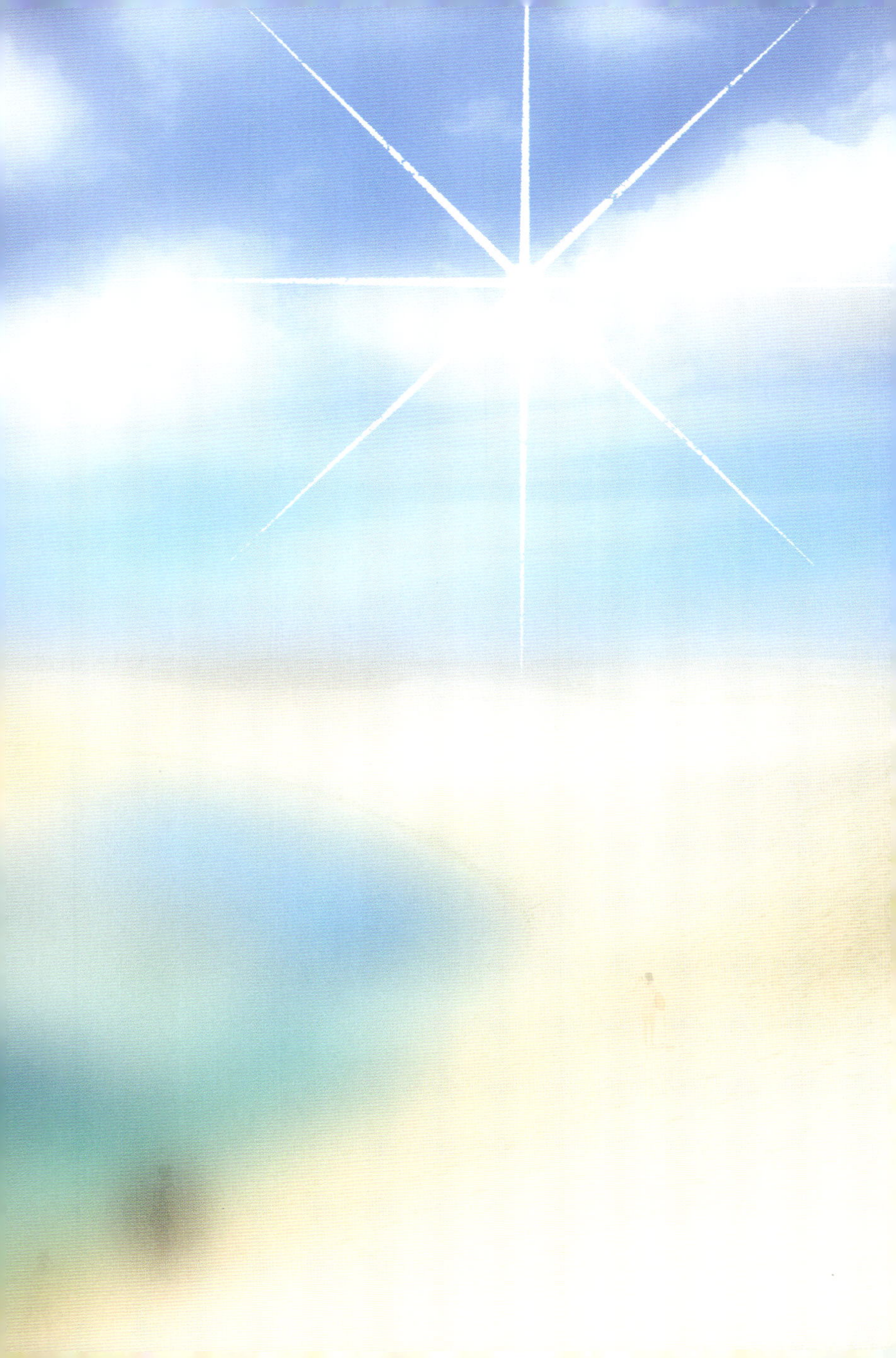

# 第3章

# 浄化

*purification*

Fridtjof Nansen / Eileen Caddy / Sei Ito

Pythagoras / Khalil Gibran

Ludwig Mies van der Rohe / Francoise Sagan

Christina Rossetti / Diogenes

William Durant / Audrey Hepburn

Albert Schweitzer / Herman Melville

変わることのない優しさは、
多くを成し遂げる。
太陽が氷を融かすように、
親切な行いが
誤解や不信や敵意を蒸発させる。

――アルベルト・シュバイツァー（医師）1875-1965

執着や妬みや憎しみのあるところには、
やがてそれを肥やしとして
愛というものが咲き出るかもしれません。

――伊藤整（作家）1905-1969

浄化

バオバブの木（Madagascar） Yuki Mano

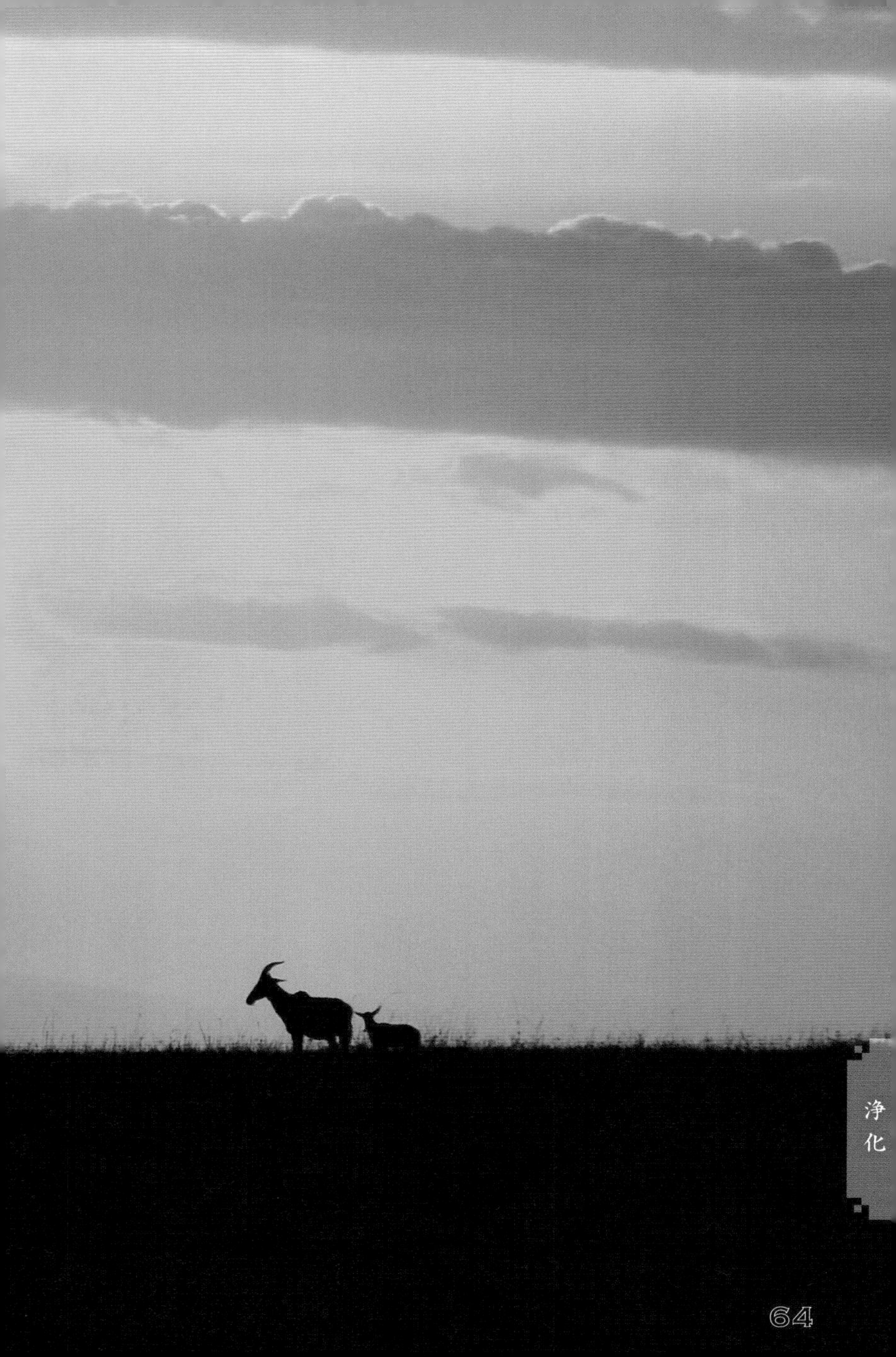

より少ないことは、
より豊かなこと。

――ミース・ファン・デル・ローエ（建築家）1886-1969



マサイマラ（Kenya）｜Mai Maki

覚えていて悲しんでいるよりも、
忘れて微笑んでいる方がいい。

――クリスティナ・ロセッティ（詩人）1830-1894

エルタ・アレ火山（Etiopia）　Mai Maki

人生において、いちばん大切なことは
自己を発見すること。
そのためには、時には一人きりで
静かに考える時間も必要。

――フリチョフ・ナンセン（探検家）1861-1930

ファラフラの白砂漠（Egypt） Mina Machida

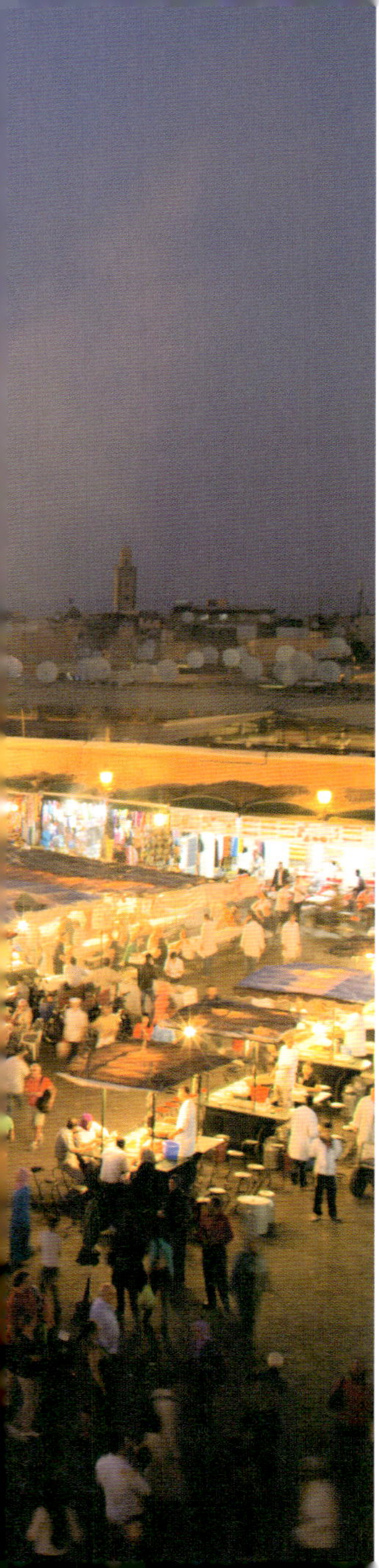

人は、夜の道を通りすぎなければ、
夜明けに達することはできない。

――ハリール・ジブラーン（詩人）1883-1931

マラケシュ（Morocco）　Duseung Kim

休みたいのなら、
なぜ、いま休まないのですか？

――ディオゲネス（哲学者）B.C.412頃-B.C.323

「よくできた」と
満足して休みなさい。
そして、ほかの人があなたについて
あれこれ何と言おうと、
言わせておけばいいのです。

――ピタゴラス（数学者）*B.C.582 - B.C.496*

サハラ砂漠（Morocco）　Misaki Naka

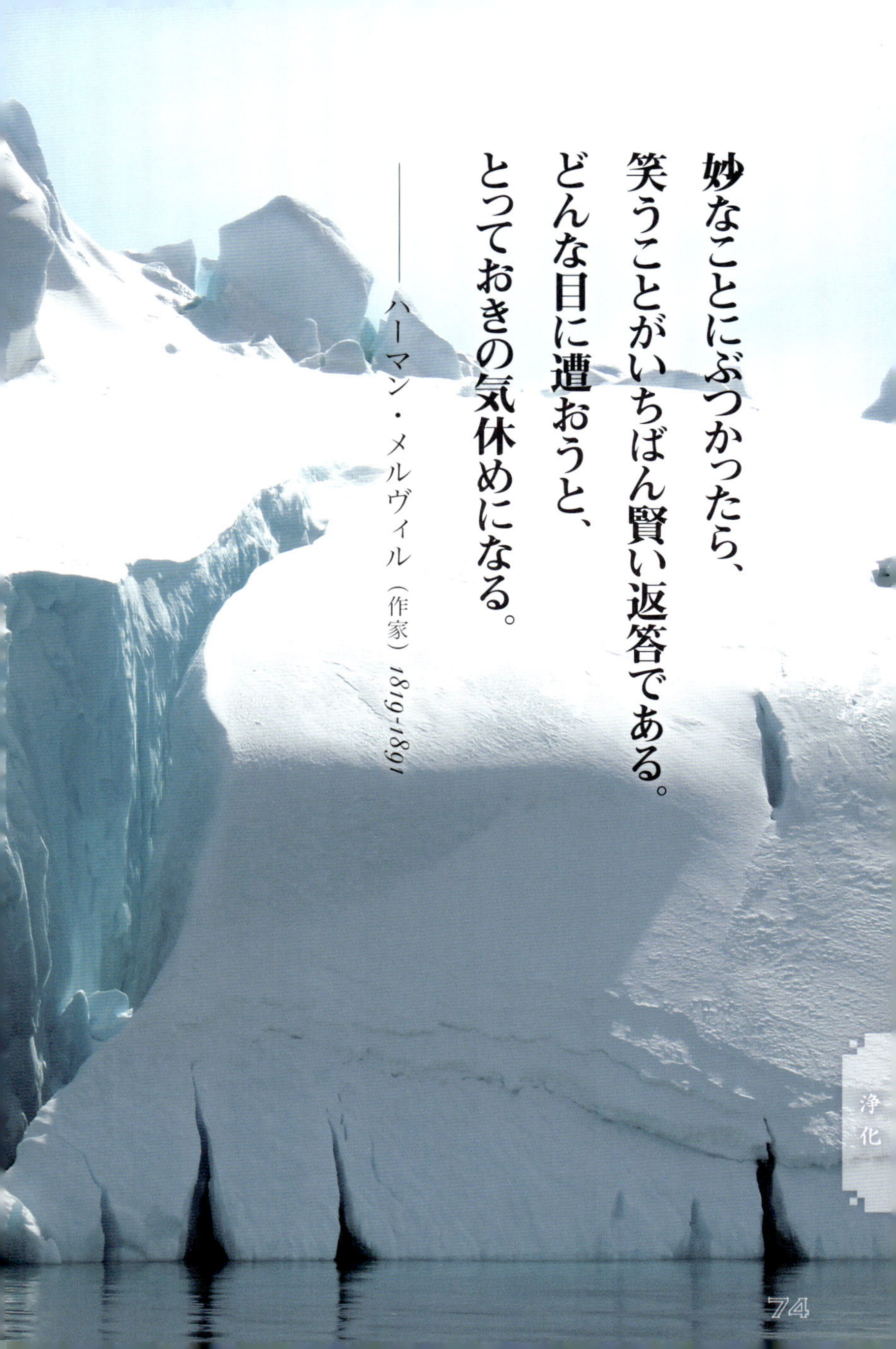

妙なことにぶつかったら、
笑うことがいちばん賢い返答である。
どんな目に遭おうと、
とっておきの気休めになる。

——ハーマン・メルヴィル（作家）*1819-1891*

イルリサット（Greenland）　Michinori Onda

生きることを学び直すのに
年齢なんて関係ないわ。
一生できることよ。

――フランソワーズ・サガン（作家）1935-2004

多少の間違いは忘れなさい。
失敗も忘れなさい。
自分がいま、これから
しようとしていること以外は
全部忘れてやればいいのです。

——ウィリアム・デュラント（実業家）1861-1947

時々、
仕事を休み、人と離れて、
一人きりでどこかへ行って、
ただ「そこにいる」ことは、
とても大切なことです。

——アイリーン・キャディ（哲学者）1917-2006

79 ゲイシール (Iceland) Kazuki-Fuck

人生は新しいものにあふれています。
しかし、新たなものが入ってくるためには、
古いものを吐きだし、
場所をつくってやることが必要です。

——アイリーン・キャディ（哲学者）1917-2006

セリャラントスフォスの滝（Iceland）　Sho Sekimoto

美しい目が欲しいなら、
人の良いところを探しなさい。
美しい唇が欲しいなら、
やさしいことだけを話しなさい。
落ち着きが欲しいなら、
自分はひとりではないということを胸に
歩きなさい。

――オードリー・ヘップバーン（女優）1929-1993

Superb view of miracle

# 第4章

# 勇気

*bravery*

Erwin Schrodinger / Eizaburo Nishibori / Henri Bergson

Samuel Beckett / Ellen Key / Todd Skinner

Charles de Montesquieu / Alain / John Steinbeck

Mary Kay Ash / Charles de Gaulle / Viktor Frankl

Decimus Magnus Ausonius / Albert Camus / Aristoteles

どこまで行けるか
確かめる方法はただひとつ。
すぐにでも出発して、
歩きはじめることだ。

――アンリ・ベルクソン（哲学者）1859-1941

スノードン山（Wales） Deatonphotos/Shutterstock.com

今までやったことがある。
今まで失敗したことがある。
そんなことはかまわない。
もう一度やろう。　もう一度失敗しよう。
より上手く失敗しよう。

――サミュエル・ベケット（詩人）1906-1989


ビッグベン（England）　alice-photo/Shutterstock.com

大切なことは、
まだだれも見ていないものを見ることではなく、
だれもが見ていることについて、
だれも考えたことのないアイデアを
考えることだ。

——エルヴィン・シュレディンガー（物理学者）1887-1961

バターミア湖（England） JuliusKielaitis/Shutterstock.com

涙を恥じることはありません。
その涙は、
苦しむ勇気を持っていることの
証なのですから。

——ヴィクトール・フランクル（心理学者）1905-1997

セブンシスターズ（England）　Michael C. Gray/Shutterstock.com

地図のない土地を
旅する時は、
何を知っているかより、
いかに考えるかが大切だ。

――トッド・スキナー（登山家）1958-2006

ジュラシックコースト（England） ©sara_winter/Dollar Photo Club

勇気

勇気は人間の
第一の資質である。
なぜなら、
ほかの資質の土台となる
資質であるから。

――アリストテレス（哲学者）*B.C.384-B.C.322*

レーヌ（Norway）　©Iakov Kalinin/Dollar Photo Club

勇気

意志もまた、ひとつの孤独である。

――アルベール・カミュ（作家）1913-1960

ベルゲン（Norway） Tatyana Vyc/Shutterstock.com

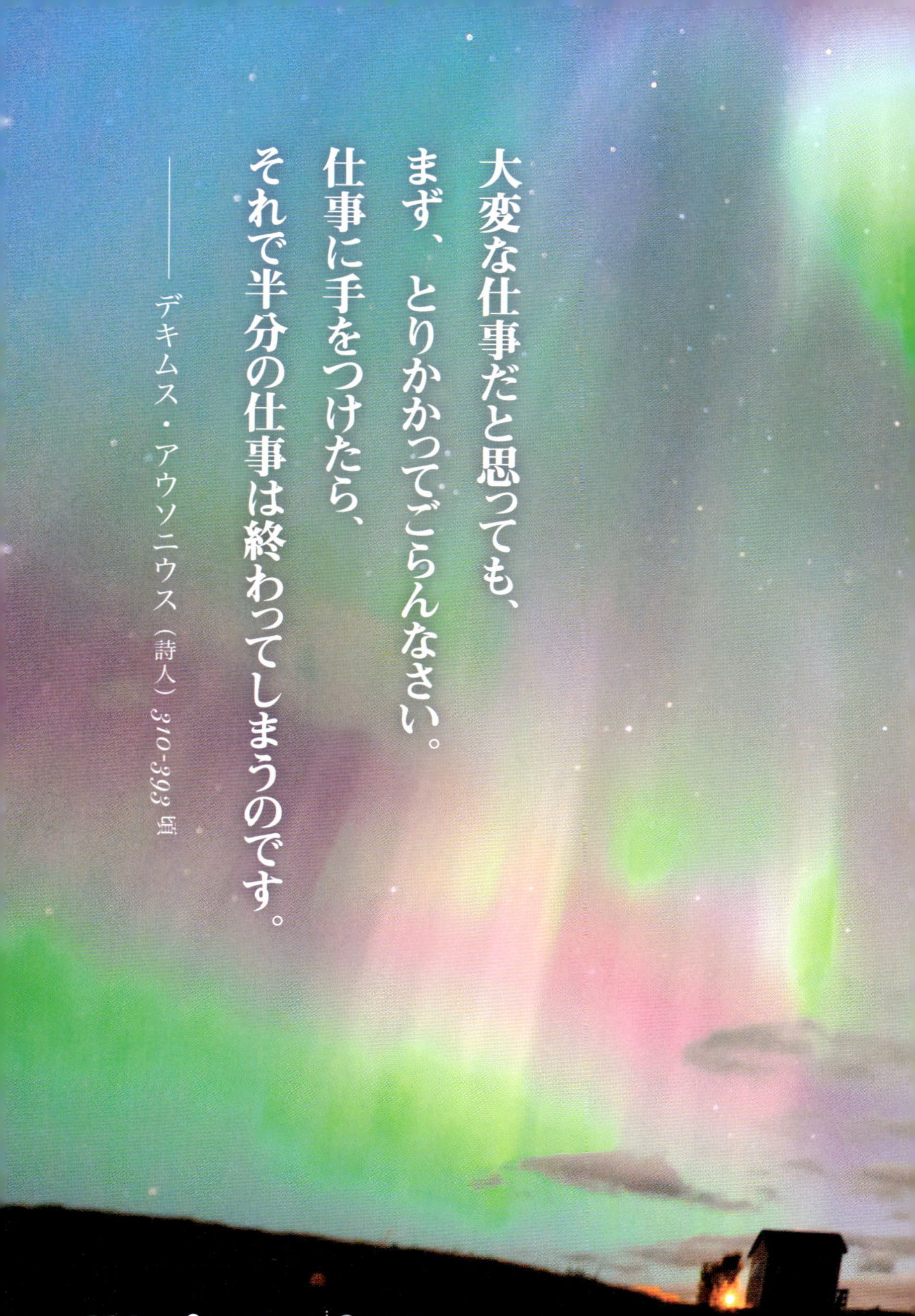

大変な仕事だと思っても、
まず、とりかかってごらんなさい。
仕事に手をつけたら、
それで半分の仕事は終わってしまうのです。

——デキムス・アウソニウス（詩人）310-393頃



トロムソ（Norway） V. Belov/Shutterstock.com

何もしない人間は、
何だって好きになれない。

――アラン（哲学者）1868-1951

偉大なことを
成し遂げる人は、
つねに大胆な冒険者である。

——シャルル・ド・モンテスキュー（哲学者）1689-1755


レヴィのオーロラ（Finland） Akina Hashimoto

チャンスを逃がすな。まず決断せよ。
石橋を叩くのはそれからだ。

――西堀栄三郎（登山家）*1903-1989*

105

聖ワシリィ寺院（Russia） Ayano Ibata

物事を考える人間は
大勢いるが、
行動を起こすのは
たった一人だ。

――シャルル・ド・ゴール（軍人）1890-1970

バイカル湖（Russia）　©Dmitriy Sharov/Dollar Photo Club

自分の運命を開くのは勇気であり、
運命に耐えるのも勇気であり、
運命をかけて
ぶち当たってみるのも勇気である。

――エレン・ケイ（思想家）1849-1926

スワロース・ネスト（Ukraine） Sergii Votit/Shutterstock.com

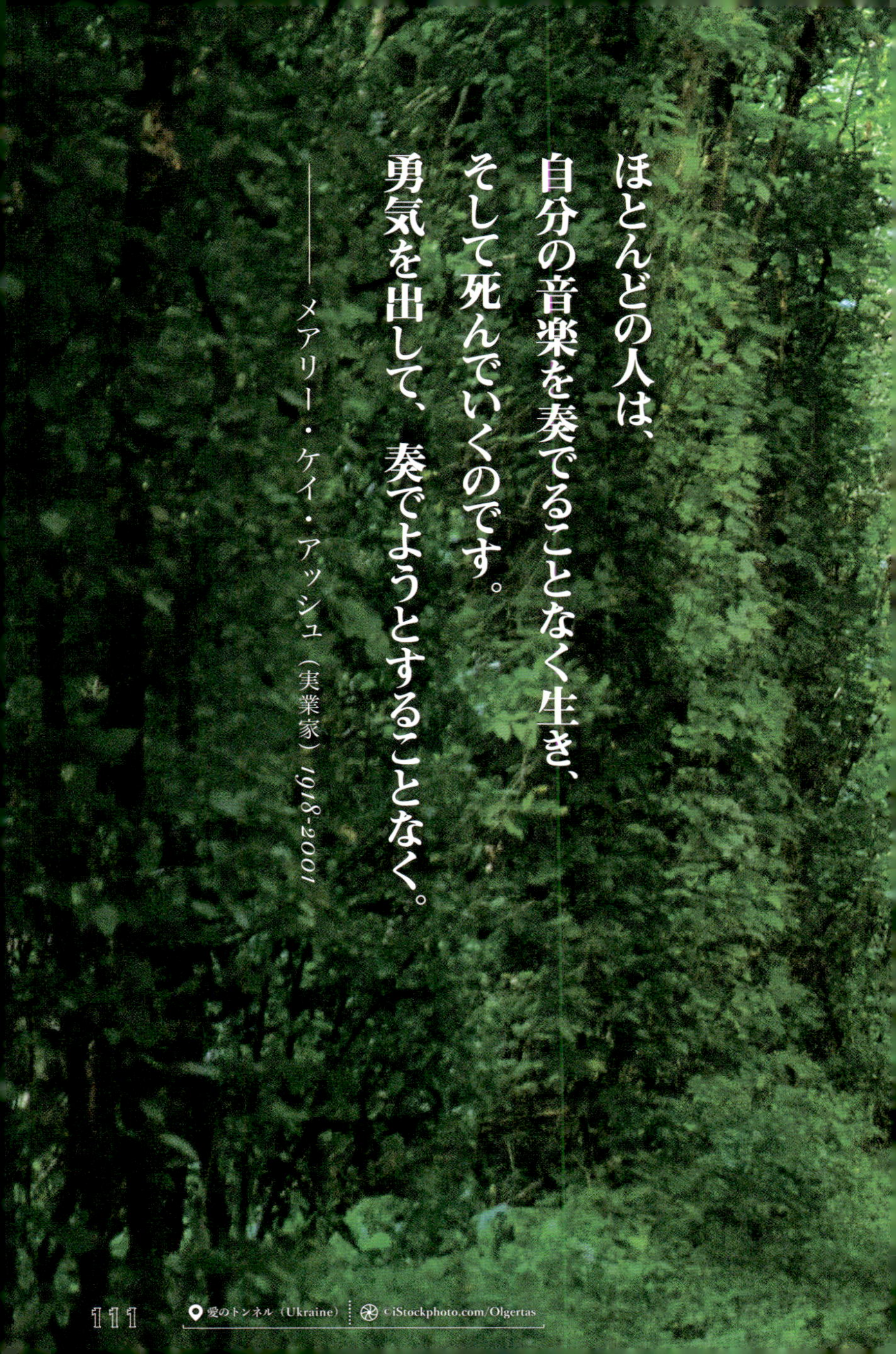

ほとんどの人は、
自分の音楽を奏でることなく生き、
そして死んでいくのです。
勇気を出して、奏でようとすることなく。

——メアリー・ケイ・アッシュ（実業家）1918-2001


愛のトンネル（Ukraine）

人間は、時には
間違いを犯しながらも、
足を伸ばして
つまずきながらも前進する。

——ジョン・スタインベック（作家）1902-1968



スタリ・モスト橋（Bosnia and Herzegovina）｜Hitomi Uno

Superb view of miracle

## 第5章

# 誠実

*honesty*

Joshua Reynolds / Epikouros / Woodrow Wilson

Yuzo Yamamoto / Mother Teresa / Platon

Pierre-Auguste Renoir / Alain / Arthur Schopenhauer

Erich Fromm / Anne Sullivan / Francis Bacon

Albert Einstein / Sophokles / Che Guevara

あなたが偉大な才能を持っているならば、
勤勉がそれに磨きをかけるでしょう。
あなたが普通の才能しか持っていないならば、
勤勉がその不足を補うでしょう。

――ジョシュア・レノルズ（画家）1723-1792

モラヴィア（Czech） Roxana Bashyrova/Shutterstock.com

誠実

誠実な挫折の方が、
邪悪な勝利よりも気高い。

——ソポクレス（詩人）*B.C.496*頃-*B.C.406*頃

マッターホルン（Switzerland） ©iStockphoto.com/fisfra

人生は道のようなものだ。
いちばんの近道は、
たいてい、
いちばん悪い道だ。

——フランシス・ベーコン（哲学者）1561-1626

画家がどれだけ
素晴らしいパレットを
持っていても意味がない。
大事なのは、
どんな眼を持っているかだ。

――ピエール＝オーギュスト・ルノワール（画家）1841-1919

プロヴァンスのラベンダー畑（France） ©iStockphoto.com/nikitje

誠実

やさしくありなさい。
あなたの出会う人々は皆、
困難な戦いに
挑んでいるのだから。

――プラトン（哲学者）B.C.427頃-B.C.347頃

幸福になろうとする努力は
決して無駄にはならない。

——アラン（哲学者）*1868-1951*

いつの日にか敗れるような主張で
勝つよりは、
いつか必ず勝つような主張で
敗れる方がいい。

——ウッドロウ・ウィルソン（政治家）1856-1924

やさしい言葉は、
たとえ簡単な言葉でも心にこだまする。

――マザー・テレサ（修道女）1910-1997

アンダルシアのひまわり畑（Spain） ©iStockphoto.com/haydenbird

誠実

自分の幸せを数えたら、
あなたはすぐに幸せになれる。

――アルトゥル・ショーペンハウアー（哲学者）1788-1860

グエル公園（Spain）　catwalker/Shutterstock.com

誠実

成功した人間に
なろうとするな。
むしろ価値のある人間に
なろうとせよ。

――アルベルト・アインシュタイン（物理学者）1879-1955



ロカ岬 (Portugal) Mai Maki

毎日髪を整えるのに、
どうして心は整えないのか？

――チェ・ゲバラ（革命家）1928-1967

自分自身を
信じている者だけが、
他人にたいして誠実になれる。

――エーリッヒ・フロム（哲学者）1900-1980

オルチャ渓谷（Italy） Francesco R. Iacomino/Shutterstock.com

人の唇から漏れる微笑みを
自分の幸せと感じられる人間に私はなりたい。

——アン・サリバン（教育者）*1866-1936*

135 チンクエテッレ（Italy） Kozue Fujieda

あなたが善人になろうとするならば、
まずあなたが悪い部分を持つことを知りなさい。

――エピクロス（哲学者）B.C.341-B.C.270

ベネチア（Italy）　canadastock/Shutterstock.com

たった一人しかいない自分を、
たった一度しかない一生を、
ほんとうに活かさなかったら、
人間に生まれてきた甲斐がない。

——山本有三（劇作家）1887-1974

# 第6章
# 信じる

*believe*

John Cassavetes / Richard Feynman / Quintilianus

Dr. Seuss / Simone Weil / William James

Bertrand Russell / Erich Fromm / Robert Koch

Mary Pickford / Albert Schweitzer / Friedrich Schiller

Toshio Imanishi / Walter Benjamin

登る山の道のりがどんなに遠くても、
一歩一歩、
歩いていたらいつかはたどりつける。
あきらめないことです。

——今西壽雄（登山家）1914-1995

メテオラ（Greece） Sergey Novikov/Shutterstock.com

いちばん大切なルールは
自分自身を欺かないこと。
そして、いちばん
欺きやすい人間はあなたです。

――リチャード・ファインマン（物理学者）1918-1988

145 ナヴァイオビーチ（Greece） Toru Ogawa

できるかどうかわからないような
試みを成功させる
ただひとつのものは、
まずそれができると信じることである。

——ウィリアム・ジェームス（心理学者）1842-1910

夜の中を歩む時に
助けになるものは、
橋でも翼でもなく、
友の足音だ。

——ヴァルター・ベンヤミン（思想家）1892-1940

アテネ（Greece） Yoichi Ohira

失敗とは、
転ぶことではなく、
そのまま
起き上がらないこと。

――メアリー・ピックフォード（女優）1892-1979


ワディラム（Jordan） Kenichi Washio

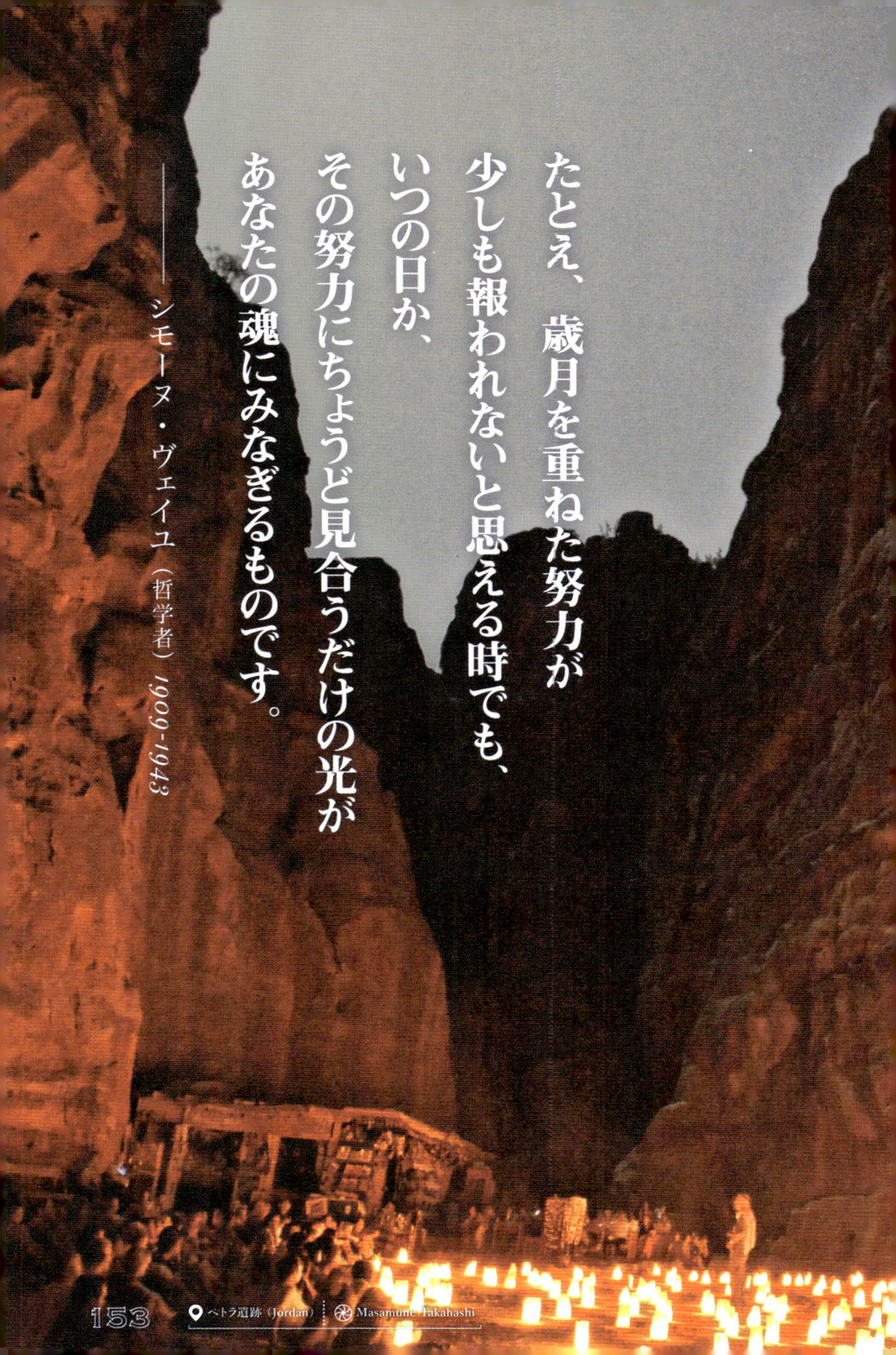

たとえ、歳月を重ねた努力が
少しも報われないと思える時でも、
いつの日か、
その努力にちょうど見合うだけの光が
あなたの魂にみなぎるものです。

——シモーヌ・ヴェイユ（哲学者）*1909-1943*


ペトラ遺跡（Jordan） Masamune Takahashi

**世界中**
**どこであろうと、**
**振り返れば**
**あなたを**
**必要とする人がいる。**

——アルベルト・シュバイツァー（医師）1875-1965

太陽が輝くかぎり、
希望もまた輝く。

——フリードリヒ・フォン・シラー（詩人）1759-1805

カッパドキア（Turkey）｜Misaki Naka

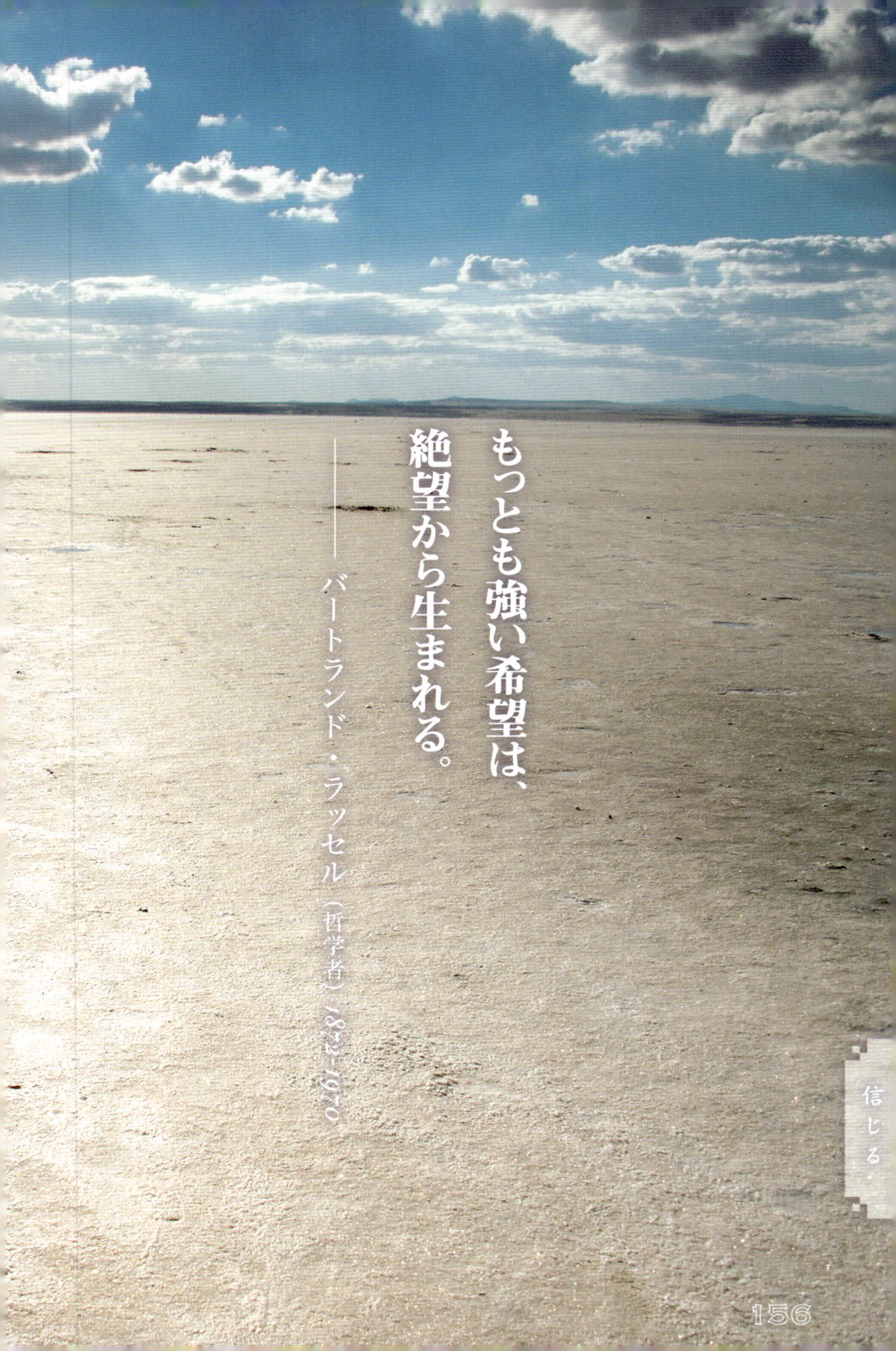

もっとも強い希望は、
絶望から生まれる。

――バートランド・ラッセル（哲学者）1872-1970

愛とは、
人と人を結びつける力です。

――エーリッヒ・フロム（哲学者）1900-1980

トゥズ湖（Turkey） Ekaterina V. Borisova/Shutterstock.com

いつから始めようかなどと
考えている時には、
すでに遅れをとっている。

——クインティリアヌス（修辞学者）35頃-100頃

159 ツミンダ・サメバ教会（Georgia） Sho Sekimoto

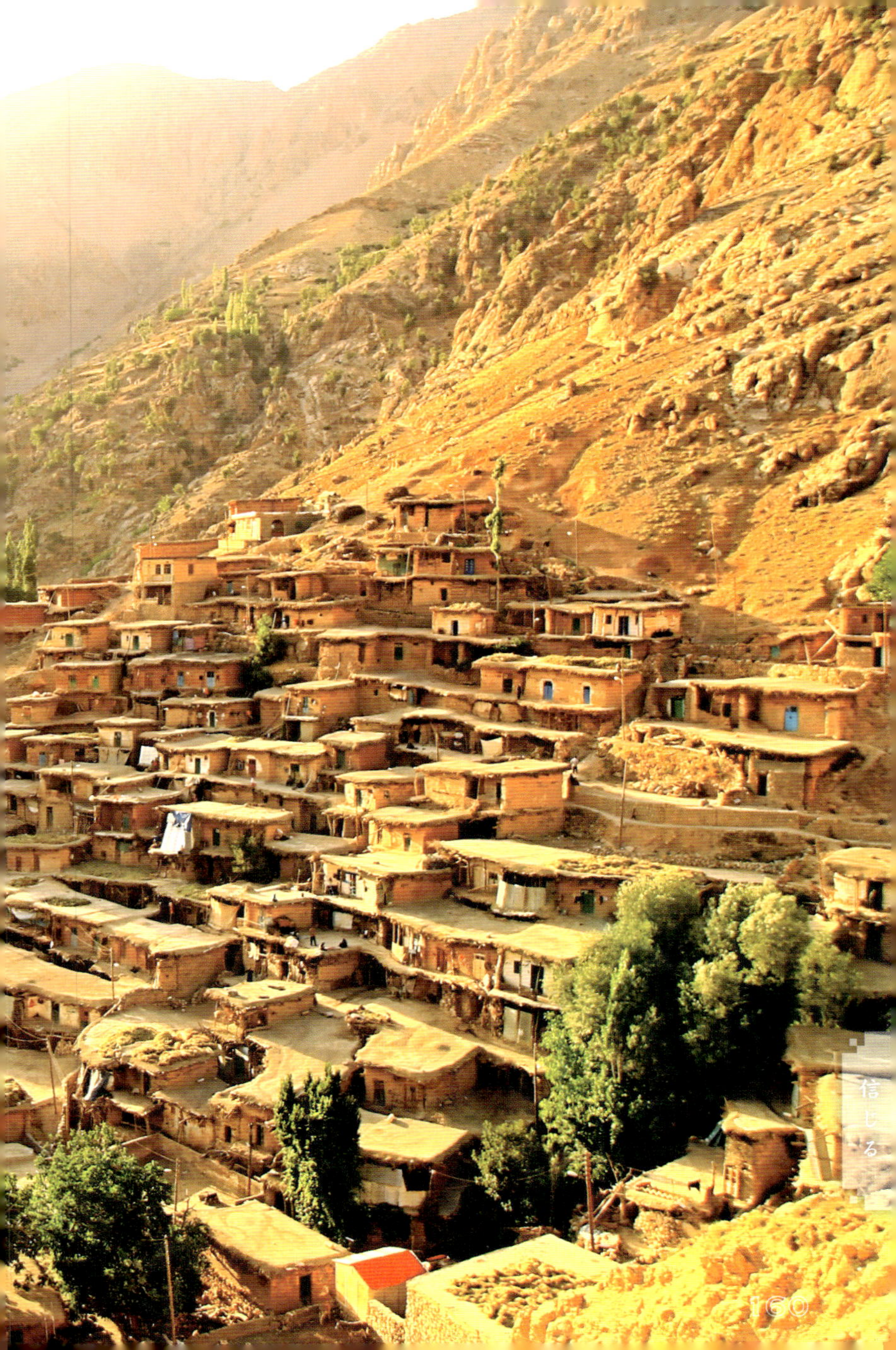

# 決して、降参するな。

―― ロベルト・コッホ（医師）1843-1910

サルアガセイエッド（Iran）　Sho Sekimoto

恋に落ちると
眠れなくなるでしょう。
だって、現実は夢より素敵だから。

——ドクター・スース（作家）1904-1991

163 マスジェデ・ナスィーロル・モスク（Iran） Shogo Toyoda

信じる

いいアイデアは、
答えを持たないことから生まれる。

——ジョン・カサヴェテス（俳優）1929-1989


死海（Jordan） George.M./Dollar Photo Club

Superb view of miracle

Superb view of miracle

# 第7章

# 歓喜

*delight*

Michel de Montaigne / Napoleon Bonaparte / Shigeta Saito

Anne Bradstreet / Rudyard Kipling / Alexander Pope

Thomas Jefferson / Hans Carossa / John Milton

Francois mauriac / Kotaro Takamura / William James

Robert Frost / Ivy Baker Priest / Felix Mendelssohn

人は幸せだから歌うのではない。
歌うから幸せなのだ。

——ウィリアム・ジェームス（心理学者）1842-1910

私たちは、
無限の可能性を秘めた
章の1ページ目の
1行目である。

——ラドヤード・キップリング（作家）1865-1936

日月潭（Taiwan）
HTU/Shutterstock.com

私たちの人生は、
私たちが費やした
努力だけの
価値があります。

――フランソワ・モーリアック（作家）1885-1970

バガン（Myanmar） ©platongkoh55/Dollar Photo Club

もし冬がなかったら、
春の訪れは喜べない。
もし私たちが逆境を乗り越えなければ、
成功もそれほど
うれしく感じないだろう。

——アン・ブラッドストリート（詩人）1612頃-1672

パンゴン湖（India） panithanks/Shutterstock.com

旅を思い出すことは、
人生を二度楽しむこと。

——フェリックス・メンデルスゾーン（作曲家）1809-1847

歓喜

魂のこもった青春は、そうたやすく滅んでしまうものではない。

——ハンス・カロッサ（詩人）1878-1956

アンコール・ワット（Cambodia）　Miki Nishikawa

勝利は、
もっとも忍耐強き者に微笑む。

――ナポレオン・ボナパルト（政治家）1769-1821

イーペン・ランナー（Thailand） Toru Ogawa

私たちに与えられた光は、
ただじっとそれを見つめるためではなく、
まだ私たちに隠されている
遠い先のものを見るために
与えられている。

——ジョン・ミルトン（詩人）1608-1674

キナバル山（Malaysia） Masaki Kitano

いつかできることは、
すべて今日でもできる。

――ミシェル・ド・モンテーニュ（哲学者）1533-1592

ホワイトヘブンビーチ (Australia)　Takatoshi Hirata

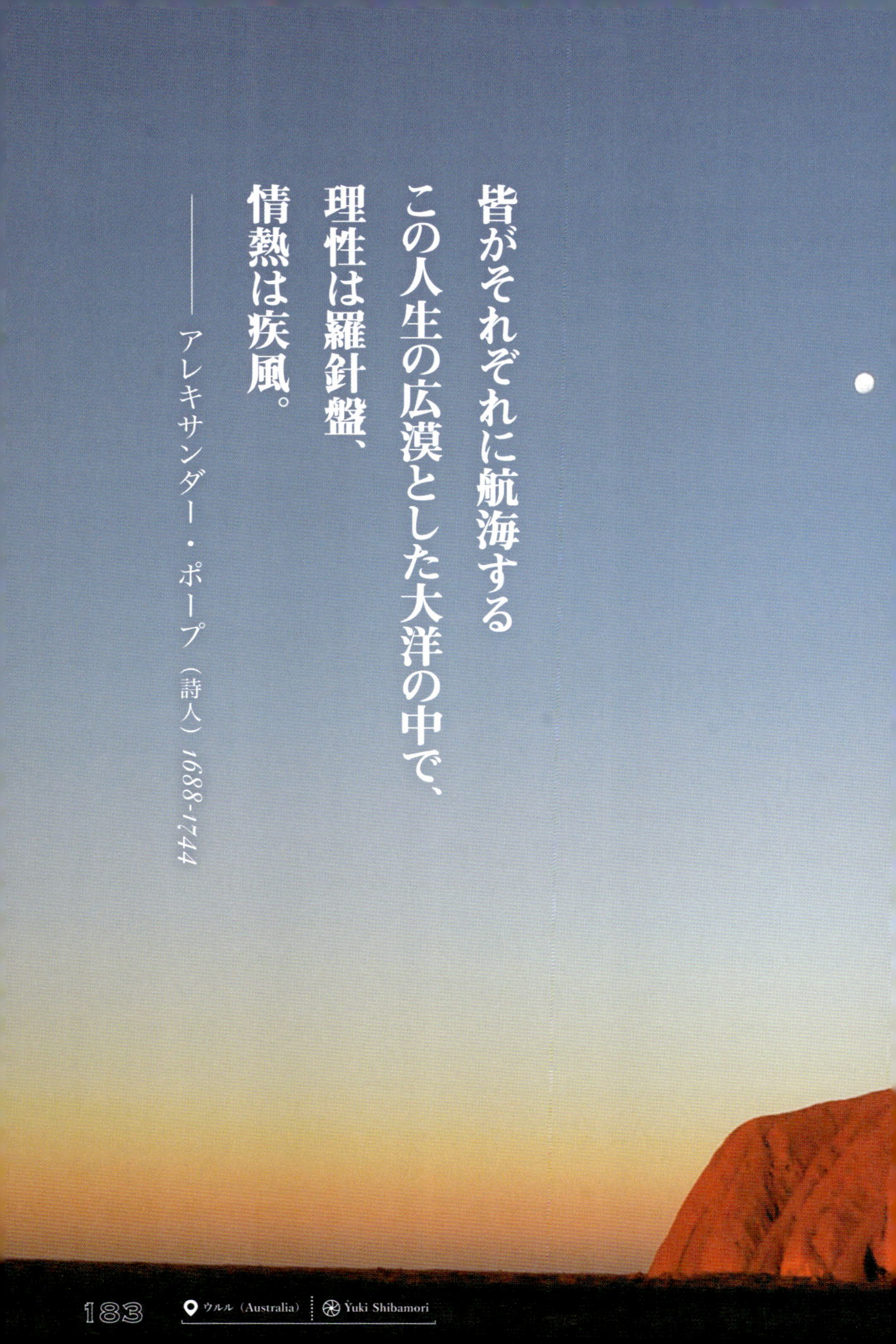

皆がそれぞれに航海する
この人生の広漠とした大洋の中で、
理性は羅針盤、
情熱は疾風。

——アレキサンダー・ポープ（詩人）1688-1744

ウルル（Australia）　Yuki Shibamori

荒々しい自由の海には、
波がつきものだ。

――トーマス・ジェファーソン（政治家）1743-1826

重いものを
みんな棄てると、
風のように
歩けそうです。

——高村光太郎（詩人）1883-1956



アイツタキ島（Cook Islands） ChameleonsEye/Shutterstock.com

できることが
増えるより、
楽しめることが増えるのが、
いい人生。

——斎藤茂太（医師）1916-2006



ケーブルビーチ（Australia）｜Janelle Lugge/Shutterstock.com

地球は丸い。
終わりに見える場所は、
また始まりに
過ぎないかもしれない。

——アイビー・ベイカー・プリースト（政治家）1905-1975



タバルア島（Fiji）

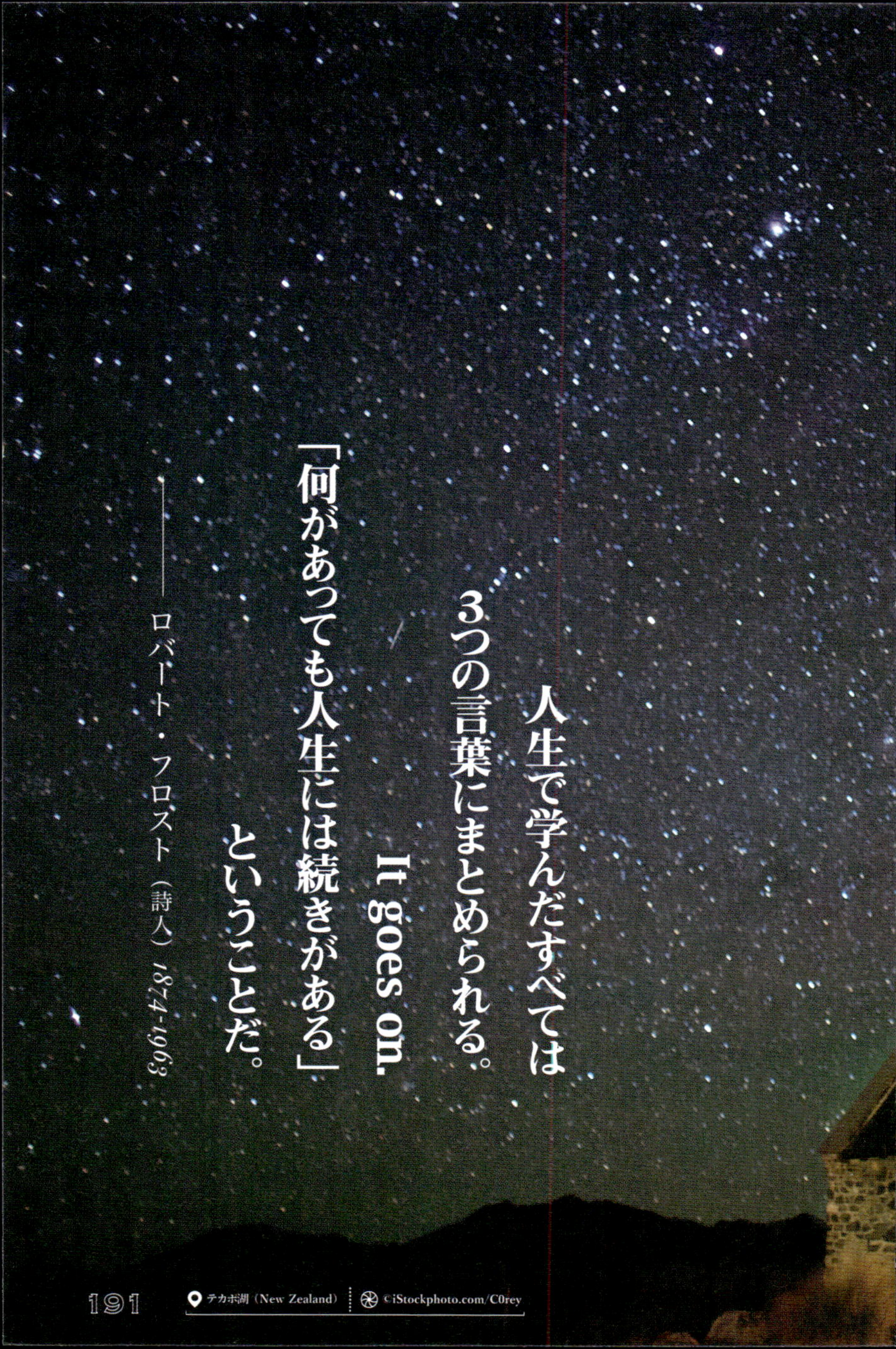

人生で学んだすべては
3つの言葉にまとめられる。
It goes on.
「何があっても人生には続きがある」
ということだ。

——ロバート・フロスト（詩人）1874-1963



テカポ湖（New Zealand）

奇跡の絶景
心を整える100の言葉

2016年2月29日　第1刷発行
2016年9月16日　第3刷発行

編　者　末冨祥子、小倉茄菜、中美砂希（TABIPPO）
制　作　奥村紫芳、大塚啓志郎（いろは出版）
発行者　木村行伸
発行所　いろは出版株式会社
京都市左京区岩倉南平岡町74
TEL 075-712-1680
FAX 075-712-1681
印刷・製本　株式会社シナノパブリッシングプレス
装　丁　坂田佐武郎



ISBN 978-4-86607-001-8

H　P　http://hello-iroha.com
MAIL　letters@hello-iroha.com